新

心が元気に なる本

スマホが気になって 落ちつかない！
～ネット・SNS・ゲームの悩み～

監修／伊藤美奈子

あかね書房

はじめに

スマホやインターネットは、
いまやわたしたちの生活にかかせないものになりました。

メッセージアプリやスマホゲームなど、
みりょく的なコンテンツがたくさんありますから、
ついつい長時間使ってしまうこともあるのではないでしょうか。
そうした**スマホの使いすぎには、注意が必要**です。

さらに、スマホのコンテンツを利用するときには、気をつけるべき点があります。
簡単に情報を得られる、
気軽に連絡がとれるといった便利な面がある一方で、
注意して使用しないと、トラブルに巻きこまれてしまうこともあるからです。

メッセージアプリなどでは、
面と向かって話したり、電話ごしに直接声を聞いたりしないぶん、
相手の反応がわかりにくかったり、
こちらも**相手への気づかいを忘れてしまったり**することもあるでしょう。

スマホでトラブルにならないために大切なのは、
マナーやルールを守って使うことです。
本の中の主人公たちも、
スマホにまつわるさまざまなトラブルに対して悩んでいます。
彼らの行動や選択を、ぜひ参考にしてみてください。

便利で楽しい内容が盛りだくさんのスマホですから、
きちんと**ルールを守って、**
正しく活用できるようになるといいですね。

この本の登場人物

ソラ

まじめでがんばり屋。
小さなことを気にしす
ぎて、悩んでしまうこ
とがある。

タイガ

元気でほがらかな性
格。自分にあまいとこ
ろがあるので、調子に
のってしまうことも。

フウカ

自分の意見をはっきり
言える。一方で、相手
の気持ちを考えずに発
言してしまうことも。

カナタ

アンナ

ノア

おだやかで、心優しい
性格。少し臆病な面が
あるので、新しいこと
にはしんちょうになる。

ファッションが大好
き。好きなことを追い
かけすぎて、周りが見
えなくなることがある。

おおらかで、人に対し
て気づかいができる。
少しあわて者のため、
失敗してしまうことも。

も く じ

この本の読み進め方

お悩み発生！

登場人物たちが、日常で悩んだり困ったりしそうなできごとに直面するよ。

登場人物といっしょに考えよう

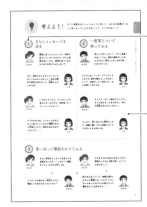

お悩みに直面した後の行動の選択肢だよ。主人公の気持ちになって考えてみよう。

それぞれの選択肢について、ほかの登場人物たちが話し合うよ。君は、どの子に考えが近いかな？

登場人物はどんな結果をむかえたかな？

主人公が、どの選択肢を選んだかを紹介するよ。必ずしもハッピーエンドをむかえているわけではないんだ。

お悩みについて、もっと考えるための質問。似た状況におちいったときに困らないように、よく考えてみよう。

お悩みは人の数だけあるから、状況や相手の反応などによっても変わってくるよ。ここでは、主人公のお悩みと似ている例を紹介。

コラムで理解を深めよう！

お悩み内容の理解を深めるコラムのほか、実際に書いたり診断したりするページもあるから、チャレンジしてね。

ケータイショップ

わー、念願のスマホだ！

使い方には、気をつけるんだぞ

うん

これで、クラスのみんなといっしょに楽しめる。いろんなサイトを見たり、アプリも使えるんだぁ

SNS ゲーム 写真

→p.27 無料サイトやアプリに登録しても大丈夫？

休日、買い物中

わーい♪　おそろい〜

かわいいですね！よければ写真撮りますよ

お願いしまーす！

パシャッ

SNSでも、おそろいコーデってよくアップされているよね

→p.21 スマホで撮った写真をSNSにアップしてもいい？

ピロン！

ピロン！

あ！

わ！

あ、アイドルのユウちゃんのSNSがアップされてる！

○月×日

→p.33 SNSで知り合った人と会ってもいい？

お母さんから
メッセージだ

シュ
シュシュッ

よし、送信！

あのお店も
入ろ〜！

うん！

あっ！打ちまちがえてる！
送りなおさなきゃ！

→p.18メッセージの打ち
まちがいでけんかに

タイガの部屋

ごろ
ごろ

チッチッチッ

→p.30スマホでゲームを
やりすぎてしまう

ピロン！

ソラさんから
メッセージが届きました

ソラからだ

あれ!? 全然
気づいてなかった！

モヤモヤ

→p.8メッセージの返事が
こないと落ちつかない

体育の授業中

はぁー、疲れた！

長距離走、きつかったけど、
最後まで走り切った！うれしい！

ぜぇ
ぜぇ

→p.12メッセージアプリの
グループで悪口を言われた

7

メッセージの返事が こないと落ちつかない

考えよう！

すぐに返事がほしいメッセージに対して、なかなか返事がこないと気になってしかたがないソラ。どうすればいい？

① さらにメッセージを送る

アンナ

最初に送ったメッセージに、相手が気づいていないだけかも。すぐに返事がほしいなら、何回か送ってみたらそのうち気づくんじゃない？

でも、相手もなにかをしていていそがしいのかもしれないよ。自分の都合で何回も送るのって、迷惑じゃないかなあ？

ノア

アンナ

いそがしかったら、どっちにしても見られないんだから、何回送ったっていっしょじゃない？

そうなのかなあ。メッセージがきてるって気づいているのに確認できない状況だったら、相手をあせらせてしまいそう……。

ノア

② 一度落ちついて待ってみる

カナタ

気にしすぎじゃない？　すぐに返事がほしくても、相手の都合だってあるんだから、別のことをしながら待ったほうがいいよ。

そうだよね。メッセージアプリにもよるけど、相手が読んだことがわかっていて、返事がこない場合でも、少しは待つべきだよね。

ノア

カナタ

そうそう。ぱっと読めたとしても、すぐに返せないときもあるし。考える必要があるかもしれないし。

たしかに。特に出かける約束だったら、家族に聞いてから返事しないといけないときもあるよね。

ノア

③ 思い切って電話をかけてみる

アンナ

さらに何回かメッセージを送っても返事がないなら、いっそのこと電話をしちゃったほうが早いよね。

↓

メッセージを返せない状況だったら、電話しても出られないんじゃない？

カナタ

↗

それならそれであきらめもつくけど、電話をしたほうが話が早いってこともあるでしょ？

アンナ

待ち合わせしていて、時間を過ぎてもなんの連絡もないとかだったら、なにかあったのかなと心配になって電話することはあるけど……。

カナタ

9

ソラさんのとった行動は？

② 一度落ちついて待ってみる

（これ以上、メッセージを送り続けたら
よくないよな）
ソラは、スマホを机ではなく少しはなれた
テーブルの上に置き、深呼吸をした。
（まずは宿題を終わらせておこう）
机にもどり、残りわずかな宿題に集中する。
15分後、宿題を終えて立ち上がると、スマホ
の画面が光っていた。急いで確認するとタイガ
からの返事がきている。
タイガ 「ごめん、全然気づいてなかった。
　　　　5時半までならいいよ！」
（気づいてなかっただけだったんだ。よかった）
ソラは、ホッと胸をなでおろした。

相手がいつもスマホを見ているわけじゃない

　スマホのメッセージアプリはと
ても便利ですが、メッセージを送
ればすぐに返事がくるとは限りま
せん。勉強中はもちろん、食事中
やお風呂のとき、家族と話してい
るとき、テレビを見ているときな
ど、スマホを見ていない時間だっ
てたくさんあります。
　返事は相手の都合がよいときに
くるもので、それがいつかはわか
りません。スマホを見ながら待っ
ていると、ますます気になってし
まいますから、少しはなれた場所
にスマホを置き、しばらく別のこ
とに集中しましょう。

「不安の種」は自分の中にあることも？

相手からすぐに返事がなかったとき、「なにか悪いことしたかな？」「もしかして、おこってる？」のように次から次へとわいてくる不安は、おそらく君が自分で作り出した気持ち。相手はいそがしくて返事が遅れているだけかもしれませんから、そういう不安がわいてきても、気にしないようにしましょう。

さっき、きつく
当たっちゃったんだよなぁ。

返事がないときの例

寝てしまった

相手は会話が
終わったと
思っている

塾の授業中

ほかの人と
電話をしている

たんに
忘れている

● 急ぎのときは電話してもよい

緊急の場合で、すぐに連絡をとりたいときは電話をしてもかまいません。待ち合わせをしていて、時間を過ぎてもなんの連絡もないときなどは、事故にでもあったのかなと心配になりますよね。そういうときには、メッセージの返事を待たずに電話をかけてみてもいいでしょう。

君ならどうする？

メッセージアプリの返事がこなくて何度も送ったことはある？

君がソラさんだったらどうしていた？

相手のメッセージがしつこいと思ったことはある？

まとめ

スマホのメッセージは、時間があるときに確認するもの。
返事がすぐにこないからといって気にしすぎないようにしよう。

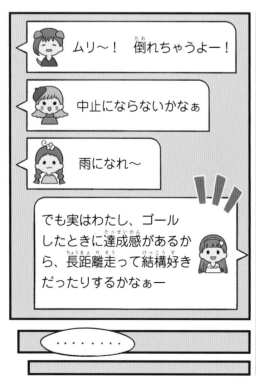

考えよう！

自分の気持ちを伝えただけなのに、それがもとでみんなに性格をからかわれる展開に。どうしたらいい？

①　「ひどい！」とおこる

タイガ

みんなとちがう考えを言うのは、別に悪いことじゃないよな。なのに、みんなでからかうのってよくないよ。

ソラ

たしかに、みんなにからかわれたら気分は悪いかもしれないね。でも、これくらいなら流したほうがいい気がするな。

タイガ

そうかな？　自分の気持ちを大事にして、「ひどい！」っておこってもいいと思うよ。また同じようなことがあってもいやだし。

ソラ

本人がいるところでのやりとりだから、みんな軽い気持ちで言っているだけだと思うけどな。

②　親に相談する

ノア

グループでメッセージアプリを使っているときのやりとりって、どうしていいかわからなくて困ることがあるよね。

カナタ

変なことを言って、仲間外れにされてもいやだしなあ。

ノア

その場でなんとかしようとしても、うまくできないことが多いから、わたしは親に相談するようにしているよ。

カナタ

いちいち親に話すの？　でも、いったん冷静になるという意味ではいいのかな。

③　「いやだ」という意思をメッセージで伝える

ソラ

「いやだ」という自分の気持ちを大事にしたいなら、メッセージでそれとなく伝えるほうがいいと思うんだ。

ソラ

そうそう。おこっていることをそのまま伝えるより、言われたことがいやなんだという気持ちをこめたほうが、相手に伝わる気がする。

↓　　↗

それとなくって？　（笑）ってつけるとか、気持ちをのせやすいスタンプを使うとか？

アンナ

↓

こっちがおこっていると相手も身がまえちゃうし、話が大ごとになりすぎないように、うまく伝えられたらいいかもね。

アンナ

フウカさんのとった行動は？

③ 「いやだ」という意思をメッセージで伝える

フウカは不満だった。
（正直な気持ちを言っただけで、
みんなに変だとか言われるの、いやだな）
みんなに悪気がないことは、わかっている。
親しみをこめて言っているってことも。
でも、フウカはそれとなく自分の気持ちを
伝えることにした。

フウカ 「みんなでそんなこと言わないでよ〜（笑）」
と送る。
すると、すぐにみんなから次々とメッセージが届いた。
「ごめんごめん」
「ちょっと言いすぎた（笑）」
「そういうところもふくめてフウカの魅力！」
それらを見て、フウカの不満は消えていった。

そんなこと、
言わないでよ〜（笑）

自分の気持ちは伝えてOK
相手を否定しないくふうを

　みんなが苦手なことについて話している
とき、「私は得意」という言い方をすると、
自慢やいやみにとられてしまうことも。う
そをつく必要はありませんが「わたしは、
わりと好きだよ」くらいにとどめて、相手
の苦手だという気持ちを否定しないように
しましょう。

　また、自分が言われていやだったことを
伝えるときは、いきなりおこってけんかご
しになるのではなく、絵文字や顔文字、ス
タンプなどを使って、それとなく伝えると
よいでしょう。特にメッセージのやりとりは、
誤解も生まれやすいので注意が必要です。

絵文字や顔文字

「きずつく〜（;-;）」
「やめてよ〜😭」

スタンプ

1対複数の状況はよくない

グループでメッセージのやりとりをしていると、ひとりの発言に対し、ほかの全員が責めるような状況になることがあります。発言の内容がどんなものであっても、ひとりだけをみんなで責め続けるのはよくない状況です。

孤立している人をフォローしたり、話題を変えたりして、状況が良くなるくふうをしましょう。

君ならどうする？

グループでのメッセージのやりとりで悪口を言われたことはある？

· ·

みんなにからかわれたとき、いやだという気持ちを伝えたことはある？

· ·

君がフウカさんなら、どうしていた？

まとめ

メッセージアプリでの、文字だけのやりとりは誤解も生まれやすいので注意が必要。
自分の気持ちを伝えるときは、絵文字や顔文字、スタンプなどを使ってそれとなく伝えてみてもいいね。

こんな場合はどうする？

「メッセージアプリでグループに入っている人が無視されている」

君がその人を無視したくなくても、グループのやりとりにその人を入れてあげようとするのは、なかなか難しいのではないでしょうか。そういう場合は、別のところでその人に「わたしは無視するつもりなんてない」という気持ちを伝えましょう。

また、本人が無視されていることを悩んでいるようだったら、先生や学校のカウンセラーに相談することをすすめましょう。

ネットやSNSにまつわる トラブル事例集

ここで挙げているのは、実際に起こったネットやSNSのトラブルの例。
軽い気持ちによる行動が、大きな問題につながることもあります。

事例① 悪ふざけで犯行予告の投稿をしたら自宅に警察が

ちょっと
おどかしてみよう。

ネット上の掲示板に、ある人物をみんなで暴行することを呼びかけたAくん。本名はふせて別名で書きこんだ。日時や場所まで指定していたが、実行するつもりはまったくなかった。しかし、書きこみを見た掲示板の運営者や読者が警察に通報。警察は掲示板への書きこみを調査し、投稿したのがAくんであることをつきとめ、自宅までやってきた。本人は軽くふざけているだけのつもりでも、投稿した内容が犯行予告や脅迫ととらえられ、犯罪とみなされる場合もある。

事例② ふざけて撮った写真をアップしたら大炎上！

ある日の学校帰り。駅のホームで電車を待っていたBくんは、友だちとふざけて線路へおりたところを写真に撮り、SNSにアップした。線路内に立ち入るのは、違反行為。いつもは友だち数人しか反応しないBくんのアカウントだが、その投稿はまたたく間に拡散され、大炎上となってしまった。制服姿の写真だったため、すぐに学校が特定され、Bくんや友だちの名前まで知れわたることに。警察にも通報され、鉄道営業法違反などの罪で家裁送致されてしまった。

事例③ チェーンメールで個人情報流出

「これは友だちメール。次の問いに答えて5人に転送しないと友だちがいなくなるよ」というメールを受けとったCさん。指示どおりに住所や氏名、電話番号、年齢、学校名などを書きこみ、自分の写真を添付して5人にメールを転送した。

その結果、知らない人から連絡がくるように。友だちにも迷惑がられて気まずくなった。

From：○○△△　　○月×日

件名：【重要】必ずご確認ください

このメールを
5人に回さないと、
友だちがいなくなる……
↓
↓

こいつ気に入らないから叩いてやろう。

事例④ ネットで有名人の悪口を投稿したら慰謝料請求に

気にいらない有名人について、SNS上に別名で悪口を投稿したDさん。知らない人に拡散されて、なんの根拠もない悪口がネット上に広まった。有名人のうったえにより、発信者がDくんだとつきとめられる。

そして、有名人側からウソの投稿で名誉を傷つけられたとして、多額の慰謝料を請求された。

事例⑤ SNSでプリペイドカードを買わされた

Eさんのもとに、友だちからメッセージが届いた。

「コンビニで5000円分のプリペイドカードを買ってくれない？　お金はあとで返す。買ったらカードの番号を写真で送って」

変だなと思いつつ、言われたとおりにしたEさん。あとで、友だちのアカウントが犯罪グループに乗っとられていたことがわかった。

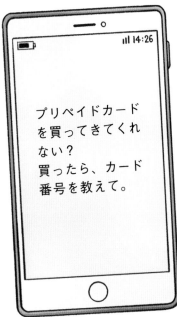

プリペイドカード
を買ってきてくれ
ない？
買ったら、カード
番号を教えて。

お悩み 3　メッセージの打ちまちがいでけんかに

同じクラスのノアとアンナは大の仲よし。帰宅後もメッセージを交換している。

アンナ「明日の放課後、委員会があるんだった！
　　　　でも、ノアと帰りたいから待っててくれる？」

ノア　「はあ」

「はぁい！」と打とうとして、手がすべったノア。
そこへタイミング悪く、部屋のドアを母親に
ノックされた。「ノア、ちょっと手伝って」
（すぐに訂正したいのに……）
用事を終えてスマホを見ると、
アンナから返事がたくさんきていた。

アンナ「ごめん、待つのいやだよね」
　　　　「でも、そんな言い方なくない？」
　　　　「もしかして、今までもいやだった？」
　　　　「だったら言ってよ。急に感じ悪くなるとか、
　　　　無視とか、ひどい！」

（うわ、おこってるみたい。どうしよう……）

考えよう！

打ちまちがえたことをすぐに訂正できず、アンナをおこらせてしまったノア。どうしたらいい？

① すぐに電話であやまる

すぐにあやまって誤解を解いたほうがいいんじゃないかな？　メッセージでのやりとりだとますます混乱しそうだから、電話するのがいいと思う。
フウカ

② 「おこりすぎ！」と伝える

勝手に誤解しておこっているんだから、そんなに気にしなくてもいいんじゃない？「それぐらいでおこりすぎ！」ってメッセージを送るといいよ。
カナタ

③ いかりがおさまるまで反応しない

いかりがおさまるまで、なにもしないほうがいいんじゃないかな。落ちついたころにメッセージを送っておけば大丈夫じゃない？
タイガ

18

ノアさんのとった行動は？

① すぐに電話であやまる

ノアは思い切って、アンナに電話した。

アンナ 「はい」

不機嫌そうなアンナの声。ノアはすぐに
「アンナ、ごめん！」とあやまった。

ノア 「『はぁい』って打とうとして、
打ちまちがえただけなの。すぐに訂正
したかったけど、ママに呼ばれちゃって……」

アンナ 「なんだ、そうだったの」

アンナの声が、いつものトーンにもどる。

アンナ 「よかった。いつも待たせてるの悪いなって
思ってたから。私もおこりすぎた。ごめん」

ノア 「待つの、全然いやじゃないよ。
アンナとおしゃべりして帰りたいし」

アンナ 「よかった。じゃあ、また明日ね」

通話を終えたノアは、心底ホッとした。

メッセージアプリは誤解を生みやすい

　短い言葉でポンポンと送り合うことができるメッセージアプリ。相手のペースに合わせてやりとりしようとするために、文章を読みなおしたり、文字のまちがいがないかをチェックしたりすることがおろそかになってしまいがちです。短いメッセージだとしても、落ちついて読みなおしてから送りましょう。

　また、相手が誤解をしていそうな場合は、早めにあやまったほうが仲なおりしやすくなります。

書き方で誤解を生む例

◎「これ、かわいくない？」
×「これ、かわいくない」

「？」をつけ忘れただけで反対の意味になり、否定していると思われてしまう。

◎「自転車でくるの？」
×「なんでくるの？」

どの方法でくるかを聞きたいだけなのに、「なんでくるの？」と書くと、きてほしくないように思われてしまう。

◎「○○ちゃんは、
仲間じゃん！」
×「○○ちゃんは、
仲間じゃない！」

口に出して言えば伝わる言い方だが、「仲間じゃない」は「仲間ではない」という意味にもとられてしまう。

こんな場合はどうする？

「まちがってちがう相手に送ってしまった」

　Ａさんに送るつもりだったメッセージを、まちがえてＢさんに送ってしまったという場合は、すぐにＢさんにまちがいだったことを伝えてあやまりましょう。もしその内容が、Ａさんが君以外には知られたくないと思っていることだったら、Ａさんからの信用を失ってしまいます。そういったことを防ぐためにも、メッセージを送るときは十分に送り先を確認しましょう。

送る前に確認しよう

・送り先
・個人あてか、グループあてか
・本文の内容
・相手の名前
・誤解をまねく言い方になっていないか

ここに注意！

☆引用先のアドレスは正しいか
☆添付画像を選びまちがえていないか
☆文字ならではの失礼な言い方をしていないか
☆違法な画像や引用先をはりつけていないか

君ならどうする？

メッセージのやりとりで誤解してしまったことはある？

メッセージのやりとりで誤解されたことはある？

まちがってちがう相手にメッセージを送ったことはある？

まとめ ▶ メッセージアプリを使った文字でのやりとりは、気をつけないと誤解を生みやすい。メッセージを送る前に、まちがいがないか、よく確認してから送ろう。

お悩み
4

スマホで撮った写真をSNSにアップしてもいい？

私服のコーディネート写真がアップされてる！

あ！

メンバーの子とおそろいにしたんだ〜。かわいい！

そうだ！

この前ノアと買い物に行ったときに、おそろいでかわいいコーデにしたんだよね

えーっと、その写真は……あ、あった！

おそろいがうれしくて、店員さんに撮ってもらったんだよね。やっぱり、かわいいコーデ！

ノアもかわいく撮れてるし、わたしもSNSに写真をアップしてみようかな〜

考えよう！

前にノアとお店で撮った写真を、勝手にSNSにアップしよう
としているアンナ。どう思う？

① 深く考えずにアップする

タイガ

別にアップしたっていいんじゃな
い？ 店員さんに撮ってもらったん
だったら、お店からおこられること
もなさそうだし。

うーん。でも、いっしょに写ってる
人には、アップすることを一応知ら
せたほうがいいんじゃない？ 勝手
にアップされたらいやだな。

ソラ

タイガ

そう？ オレは全然気にしないけど。
SNSって言っても、どうせ知り合い
しか見ていないだろうし。

それはわからないよ。気をつけたほ
うがいいんじゃないかな。

ソラ

② やめておく

ソラ

そういえば、通りがかった人たちが
写っている写真って、勝手にアップ
していいの？ 知らない人だから、
許可をとるなんてできないし。

本当はダメなんじゃないかな？ 通
行人の顔が見えないように、加工し
てから写真をアップしている人もい
るね。

カナタ

ソラ

そうなんだ。じゃあ、写っている友
だちに許可をとるだけじゃダメなん
だね。

うん。人の顔が写りこんでいる写真
を、そのままアップするのはルール
違反だと思うよ。そういう写真をアッ
プするのはやめておいたほうがよさ
そうだね。

カナタ

③ ノアに聞いてからアップする

フウカ

わたしだったら、自分が写っている
写真を勝手にアップされるのいやだ
な。ちゃんと自分の写りを確認させ
てほしい！

顔が写っている写真をアップするの
はやめなさいって、親に言われてる
子もいるよね。家ごとにルールがち
がうから、確認したほうがいいかも。

フウカ

↓

 ↗

↓

そうなんだ。たしかに、変な顔で写っ
ているのを拡散されたらいやかもね。

カナタ

SNSの写真からいろいろな個人情報
がわかるっていうから、ちょっとこ
わいな。

カナタ

アンナさんのとった行動は？

① 深く考えずにアップする

（このくらい、アップしたっていいでしょ。
ノアがいやだって言ったら消せばいいんだし）
そんな軽い気持ちで、アンナは2人の写真をSNSにアップした。
やがて、ノアから電話があった。

ノア 「この前の写真、勝手にアップした
　　　　でしょ！　わたしも写ってるのに」
めずらしく、かなりおこっているようだ。

アンナ 「いやだった？
　　　　ごめーん、すぐ消すから」

ノア 「消したって、ネット上には
　　　　ずっと残るんだよ。顔が出てる
　　　　うえに名前まで書くなんて。
　　　　悪用されるかもしれないよ」

アンナ 「え？　そうなの？」
アンナはすっかり青ざめてしまった。

どう行動したらよかった？

もしのせるなら
いっしょに写っている
相手の許可をとろう

② やめておく

　すべての人に肖像権という権利があります。ほかの人が写っている写真を勝手に公開すると、肖像権をおかすことになり、罪になる場合もあります。SNS上に写真をアップするときは、いっしょに写っている人にきちんと確認して、許可をもらってからにしましょう。
　SNS上にアップした写真や文章は、本人が消してもネット上に残ってしまいます。写真から得た情報による事件も発生していますから、気軽に写真をアップするのはやめておいたほうがよいでしょう。

この前の写真、アップしてもいいかなー？

23

相手の権利を無視しない

ほかの人が写っている写真やほかの人の作品などを無断でSNS上にアップすると、肖像権や著作権をおかしていることになります。相手の権利を無視してしまわないように気をつけましょう。

「肖像権」って？

顔や姿を他人に勝手に撮影されたり、描かれたり、公開されたりしない権利。知らない人が写りこんでいる写真を無断でSNS上にアップすると、肖像権の侵害になる。

「著作権」って？

著作物の使用について、作者だけが利益を受けられる権利。他者が作ったマンガや小説、イラスト、作品などを無断で撮影してSNS上にアップすると、著作権の侵害になる。

● 肖像権、著作権を侵害している写真はどれ？

友だち / 景色 / マンガのページ / 知らない人 / ほかの人の投稿写真

●友だち ⇒ △
本人の許可をとれば、肖像権の侵害にはならない。後ろ向きや体の一部しか写ってないなど、本人と特定できない場合は問題にならないことも。

●景色 ⇒ ○
景色しか写っていない写真は、他者の権利を侵害していない。ただし、人が写りこんでいたり、他者の家が写っていたりするときは×。

●マンガのページ ⇒ ×
他者が描いたマンガのページを写真に撮ったり、コピーしたりしてアップするのは、著作権の侵害になる。

●知らない人 ⇒ ×
特に顔がはっきり写っているものは、無断でアップすると肖像権の侵害になる。

●ほかの人の投稿写真 ⇒ ×
ほかの人が投稿した写真を、自分が撮ったもののように扱ってアップするのは、著作権の侵害になる。

こんな場合はどうする？

「SNSに自分の写真を勝手にアップされた」

自分が写っている写真を勝手にアップされるのがいやなときは、えんりょせずに相手に伝えましょう。いやがる人もいるということをわかってもらううえでも、自分の気持ちを伝えることは大切です。

また、相手が撮ったものであっても、写っている人にも権利があります。自分が写っている写真をアップするときは、事前に確認してほしいとお願いしましょう。

注意!!

写真からこれだけの個人情報がわかる

● お店の看板
店名から場所がわかる。よく行くお店が特定される。

● 名前のわかるもの
学校の名札で学校名、顔と名前が特定される。名前入りのキーホルダーなども注意。

● 電柱
写りこんでいる電柱の番地から場所がわかる。

● 車のナンバー
車種やナンバーから、家を特定される。

君ならどうする？

友だちの写真を勝手にSNSにアップしたことはある？

自分の写真を勝手にSNSにアップされたことはある？

まとめ

スマホで撮影した友だちの写真を無断でSNSにアップするのは、トラブルのもと。いやがる人がいることも考え、相手に許可をとったほうがいい。
また、悪用されたり、個人情報を知られたりする危険もあるので、なるべくアップしないようにしよう。

ネットやスマホ利用時に気をつけたいこと

身近な存在であるネットやスマホについて、よく知らないまま使っていないですか？
特徴をよく理解して、気をつけながら活用しましょう。

ネットの特徴について理解しておこう

インターネットは、だれもが自由に発信できる世界。そこでは、実生活では会うことが難しいさまざまな人たちとつながることもできます。よい面もたくさんありますが、気をつけなくてはならない面もあることを覚えておきましょう。

世界中の人が見る

一般に公開されているウェブサイトやSNS、ブログなどでは、身内だけに発信したつもりでも、世界中の人が見る可能性があるのがインターネット。悪い人に目をつけられ、悪用される場合もある。

一度アップした文章や写真は完全には消せない

アップした人が消しても、スクリーンショットなどで他人に保存されているかもしれない。すべてを完全に消し去ることはできない。

ウソの情報もある

だれでも発信できるから、まちがった情報が広まることも。自分が発信したり拡散したりするときは、正しい情報かどうか確認しよう。

スマホやネットを利用するときのNG行動

スマホやネットを利用するときは、周りの人を傷つけたり、迷惑をかけたりしないよう、十分に注意しましょう。

●歩きスマホ、ながらケータイ

歩きながらネットを見たり、メッセージを送ったりするのはとっても危険。人にぶつかってけがをさせたり、走ってきた車に気づかず大けがをしたりすることもある。歩きながらスマホやケータイを見るのはやめよう。

●公共の場での大音量

スマホで音楽を聴くときは、イヤホンをしていても、音がもれてしまうことがある。電車や図書館など、公共の場所で音がもれていると周りの人の迷惑になるので注意しよう。

●他者をおどす投稿

本名を出していないからといって、ネット上で他者をおどす投稿をするのはよくない。本人に会ったときに直接言えないことは、ネット上でも言うべきでないよ。警察が調べれば特定され、罪に問われることもある。

●相手が見えないからと強い態度をとる

ネット上では相手が見えない、相手から見えないのをいいことに、強気な態度でやりとりしてしまう人がいる。たとえ見えなくても、相手がいやな気持ちになるような言い方をしないように気をつけよう。

お悩み 5 無料サイトやアプリに登録しても大丈夫？

ある日の放課後。

アンナとノアが帰っていると、カナタがぴかぴかの
スマホを見せてきた。

カナタ 「見て！ 買ってもらったんだ」

アンナ 「よかったね！ じゃあ、メッセージの
やりとりしようよ」

ノア 「このアプリに登録したら？
クラスのグループもあるから招待するよ」

2人にメッセージアプリについて教わりながらも、
登録する段階になって、カナタは少しためらった。

（これ、メールアドレスや電話番号を入力するの？
2人は、みんな登録してるっていうけど、本当に大
丈夫かな？）

みんなも
登録してるよ〜。

 考えよう！ 友だちに同じメッセージアプリに登録して、メッセージのやりとりをしようとさそわれたけど、登録することに少し不安を感じているカナタ。どうしたらいい？

 ① 今すぐ登録しよう！
タイガ

友だちがすでに使っているんだったら大丈夫じゃない？ せっかく教えてくれてるんだから、すぐに登録したほうがいいと思うな。

② 親にたのんで登録してもらう

アプリってよくわからないよね。いったん家に帰ってから、親に相談して登録してもらったほうが安全だと思う。
フウカ

③ 無料なら登録する
ソラ

アプリって、お金がかかるものもあるんでしょ？ 無料だったら登録すればいいんじゃないかな？

カナタさんのとった行動は？

② 親にたのんで登録してもらう

カナタ 「やっぱり、家でやるよ」

カナタはそう言って、
登録しないまま2人と別れた。
夕食後、カナタは父に例のアプリのことを相談した。

父 「ああ、これね。父さんも使っているけど、
大丈夫だよ」

それを聞いて安心したカナタは、
父に教えられながら登録をすませた。

次の日の放課後、カナタはアンナとノアに、
アプリが使えるようになったことを伝えた。

ノア 「カナタも登録したんだね。
じゃあ、クラスのグループに招待するよ」

こうして、カナタは安心してメッセージアプリを使い始めたのだった。

個人情報を求められる
こともあるので注意

　アプリを使う前に、個人情報の入力を求められることがあります。たとえば、無料で占いができるアプリを使いたくて、メールアドレスのほかに生年月日や性別、好きなもの、興味があるものなどを入力した結果、毎日続々と広告のメールが届くようになったというケースもあります。

　アプリに限らず、ウェブサイトなどでも同様です。個人情報がこのように使われたり、さらに悪用されたりすることもあります。個人情報を入力するときは親に相談するなど、しんちょうに検討しましょう。

「個人情報」とは？

　名前、生年月日、性別、住所、家族構成、電話番号、顔写真、メールアドレスなど、特定の個人を見分けられる情報のこと。勝手に使われたり、業者に売られたりすることもある。

無料のアプリやウェブサイトの中には危険なものも

アプリやウェブサイト、SNS には無料で利用できるものがあります。そうしたコンテンツに登録すると、登録したメールアドレスに会社の宣伝のメールなどが届くことがあります。悪質な場合は、登録したコンテンツ以外に情報がもれてしまうことがあるので注意しましょう。

また有名な企業などになりすましたメールで、ニセのウェブサイトにアクセスするように仕向け、そのページ内で個人情報を入力させて情報をぬすむフィッシング詐欺という手法もあります。知らないメールアドレスからのメールには、注意が必要です。

フィッシング詐欺の例

・「おめでとうございます！　100万円が当たりました！　くわしくはこちらをクリック」
・「ウイルスに感染しました。すぐに復旧作業が必要です。くわしくはこちらをクリック」
・「3日で10kgやせました！　無料サンプルの申し込みはこちら！」

パスワードのとり扱いには十分気をつけよう

スマホや SNS などを使うときに必要なパスワードの管理はできていますか？　パスワードはだれにも教えないようにしましょう。誕生日など、ほかの人から知られやすい数字を使わず、定期的に変えるようにすると安全です。

パスワード、教え合ぉ～！

×

君ならどうする？

友だちにすすめられるまま、アプリに登録したことはある？

ネット上に個人情報を入力するとき、気をつけていた？

君がカナタさんだったらどうしていた？

まとめ

アプリやウェブサイトを使うために個人情報を入力するときは、親に相談するなど、しんちょうに行動しよう。個人情報をぬすむためにニセのメールなどが送られてくる、フィッシング詐欺にだまされないように気をつけよう。

スマホでゲームを
やりすぎてしまう

タイガは、スマホゲームに夢中になっていた。母が声をかけ
ても生返事だ。

母　「タイガ！　聞いてるの？
　　そろそろ寝るしたくしなさい」
タイガ　「はーい。ここだけクリアしたら」

30分後——タイガはまだゲームを続けている。
母　「こらっ！　まだやってるの!?」
タイガ　「ごめん、ごめん！　あと少しだけ」

さらに1時間が経過。母のいかりは頂点に達した。
母　「いいかげんにしなさい!!」
とどなられ、スマホをとり上げられてしまった。
（おこられちゃった……。やめようと思うとおもしろく
なってきて、やめられないんだよね）

💡 **考えよう！** スマホでゲームをしていると、ついやめられなくなってしまうタイ
ガ。どうしたらいい？

① **ルールづくりを
相談してみる**

ソラ

自分でやめられないんだったら、親に相談し
て、ゲームをするときのルールをいっしょに
考えてもらったらいいんじゃない？

② **時間を自分で管理する**

アンナ

ゲームの時間は何時から何時までにす
るってちゃんと決めて、それを守るように
したらどうかな？　でも、自分で決めた
ルールって守れないことが多いよね。

③ **明日からがんばる**

カナタ

ゲームはおもしろいんだから、やめられない
のはよくわかるよ。明日から、もう少し早く
寝られるようにしよう！

タイガさんのとった行動は？

① ルールづくりを相談してみる

タイガ 「時間を決めればいいって言うけど、すぐにオーバーしちゃう」

母 「じゃあ、ゲームをやめる時間になったら、わたしがスマホを預かるのはどう？」

母の提案にタイガはうなずいた。

次の日から、タイガは夕食後に30分だけゲームをし、時間になったら母にスマホを預けてお風呂に入ることにした。

（本当はもっとやりたいけど、だらだらやるよりいいかも……）

ルールを決めて ノートに書いておく

家族と相談してルールを決めたら、ノートに書いておきましょう。ノートを見なおすたびにルールを思い出して、「がんばろう」と思えるはずです。また、実際にゲームをした時間を毎日記録すると、やりすぎの防止になります。

ゲームへの課金も 相談しておく

スマホでできるゲームには、最初は無料でも、やっていくうちに課金が必要になるものがあります。無料の範囲だけで遊ぶか、月に何円までなら課金してもよいなど、ルールを先に決めておきましょう。課金したら必ずノートに記録し、予算を守るようにします。

君ならどうする？

ゲームをやりすぎたことがある？

君がタイガさんだったらどうしていた？

まとめ

スマホのゲームをやりすぎると、知らないうちに時間もお金もたくさん使ってしまうことがある。
前もって時間や課金のルールを決め、ノートに記録しながら守るようにしよう。

スマホ依存症チェック

スマホが手元にないと不安だったり、
しょっちゅうスマホを見てしまったりする「スマホ依存症」の人が増えています。
君はどうですか？　次の質問に「はい」か「いいえ」で答えましょう。

① 朝、目が覚めたらすぐにスマホを見る。　　　　　　　　　　はい ・ いいえ

② 外に遊びに行くより、スマホを見ることを選ぶ。　　　　　　はい ・ いいえ

③ ネットを見ていて、
　　何時間も経っていたことがある。　　　　　　　　　　　　はい ・ いいえ

④ メールがきたら、
　　ほかにすることがあっても、すぐに返事をする。　　　　　はい ・ いいえ

⑤ 毎日、友だちにメッセージを送る。　　　　　　　　　　　　はい ・ いいえ

⑥ トイレにもスマホを持っていく。　　　　　　　　　　　　　はい ・ いいえ

⑦ よく使うゲームアプリが10個以上ある。　　　　　　　　　　はい ・ いいえ

⑧ ネットを見すぎて、
　　勉強がおろそかになることがある。　　　　　　　　　　　はい ・ いいえ

⑨ 日に何度もSNSをチェックする。　　　　　　　　　　　　　はい ・ いいえ

⑩ スマホを持ったまま、寝ていることがある。
　　または、深夜までスマホを見てしまう。　　　　　　　　　はい ・ いいえ

※直接書きこまず、コピーして使おう！

結果

「はい」が2個以下	「はい」が3～5個	「はい」が6個以上
スマホ依存症ではなさそう。今後、使う機会が増えても、依存しすぎないように気をつけてね。	やや依存気味かも。3～5個の中に、③、⑨、⑩が入っていた人は、今後の使い方に注意しよう。	スマホ依存症のうたがいが。たまにはスマホからはなれて、周りの人とのリアルなコミュニケーションを大切にしよう。

うーん、やっぱり
ゲームのやりすぎは、
よくないよなぁ。

タイガ

思っていたより、
スマホを使っている
時間って長いのかも。
気をつけないと……。

ノア

参考文献：『本当の「私」がわかる自分の心理学』（ナツメ社／齊藤勇著）、「ネット依存・ゲーム依存度チェック」（MIRA-i・ウェブサイト内）

お悩み 7 ── SNSで知り合った人と会ってもいい？

コマ内のテキスト:

○月✕日

アンナ
スカート、超かわいい！

ピコン

くろにゃんこ
わかる！　スカートすごくかわいいよね！

返信

くろにゃんこ
ファッション大好き！！
気軽に話して
21歳／●●●大学3年生

わー！
この人もファッション好きなんだ！

返信ありがとうございます。わたしも、あのスカートはいてみたいです！

着こなすの難しそうだよね。アンナさんは身長どれくらいなの？　今何歳？

たしかにハードル高そう～。
148cmで13歳です！　背が低いから似合う服が少ないんです……

わたしも中学のとき背が低かったから、その気持ちわかるよ。でも、身長が低くても似合う服があるから大丈夫

よかったら、わたしの中学のときの服もらってくれない？　身長が伸びて入らなくなっちゃって……。明日とか会おうよ！

え……どうしよう。かわいい洋服をもらえるのはうれしいけど、ネットで出会った人と会ってもいいのかな……？

同じファッションの悩みを相談できる人が今までいなかったからうれしい～！
くろにゃんこさんとのやりとり楽しいな

う～ん…

 **考えよう！** SNS上でやりとりしていた人に、会おうとさそわれたアンナ。
相手は女子大生のようだが、本当に会っていいのかな？

① **ことわる**

ノア

やめておいたほうがいいよ。相手が本当に女子大生かどうかなんて、わからないんだから。

SNSのプロフィールって、本当のことを書かなくてもいいんだよな。会ってみたら、こわそうなおじさんってこともあるのかな。

カナタ

ノア

そうだよ。本当に女子大生だったとしても、いい人かどうかなんてわからないよ。

うーん、たしかにちょっとこわいよな。実際に犯罪に巻きこまれた人もいるみたいだし……。

カナタ

② **会ってみる**

タイガ

せっかくSNS上で仲よくなったんだから、どんな人か会ってみたいと思う気持ちはわかるな。

休日の昼間に人通りの多いところで会うことにしたら、大丈夫なんじゃない？

ソラ

タイガ

うーん。大丈夫そうな気もするけど、2人で会っているときに、急にこわい目にあったらいやだな。

たしかに、相手がどんな人か全然わからないのに、会う約束をするのは勇気がいるよね……。
ソラ

③ **少し時間が経ったら会う**

フウカ

知り合ってすぐはこわいけど、もっと時間が経って、もう少し相手のことがわかってからだったら、会ってもいいんじゃない？

↓

でも、SNS上でのやりとりでわかる相手のことって、全部ウソかもしれないんだよ。

フウカ

そうだよね。2人きりで会う約束をするのは、やっぱりちょっとこわいかも。

↗　↓

ソラ

せっかくさそってくれたのに、ずっと断ってばっかりだと悪いなあって気もするけどね。
ソラ

アンナさんのとった行動は？

 ことわる

よく考えた結果、会おうというさそいは断ることにしたアンナ。

アンナ　「ＳＮＳ上で知り合った人とは、学校の決まりで会えないんです」

と返すと、それ以上はさそわれなかった。

数日後、ＳＮＳ上で知り合った人と会うために家を出た女子高生が、行方不明になる事件が発生。

（やっぱりこわいな。「くろにゃんこ」さんは本当にいい人だったのかもしれないけど、会うのはやめておこう）そう思う、アンナだった。

ネットで知り合った人には基本的には会わない

ＳＮＳ上でやりとりしていて気が合うからといっても、実際の相手がどんな人かはわかりません。犯罪に巻きこまれないためにも、ネットで知り合った人には会わないことに決めておきましょう。会おうとさそわれて断りにくいときは、「学校の決まりで会えない」「親に相談しないといけない」などといえば、相手もさそいづらくなります。

個人情報はむやみに教えない

ネット上で知り合った人に、名前や性別、年齢などの個人情報を教えるのはやめましょう。相手が教えてくれたからといっても、本当のことを言っているとは限りません。また、写真を送ると悪用される可能性もあるので、たのまれても送らないようにしましょう。

若い子なんだ……。

アンナ　13歳です

君ならどうする？

ＳＮＳ上で知り合った人に会おうとさそわれたことがある？

君がアンナさんならどうしていた？

まとめ ＳＮＳ上で知り合った人は、実際にはどんな人だかわからない。会わないことに決めておこう。
たのまれても、個人情報や写真を送らないようにしよう。

こわいことばかりじゃない！便利なスマホの活用法

スマホには危険な面もあるけれど、それ以上に便利で役に立つ機能がたくさんあります。
災害時に役立つ活用法を覚えておきましょう。

災害時の活用法

災害時にスマホを持っていると、家族の無事を確認できたり、大きな地震や津波が起こることが事前にわかったり、SNSなどを通じて最新の情報を得ることができたりします。実際に災害が起こったときに、スマホでどんなことができるのか、ふだんから家族で話しておくといいですね。スマホの機種によって機能にちがいがあるので、自分のスマホの使い方を学んでおきましょう。

災害用伝言板

災害が起きたとき、自分が無事であることを文字で登録できる。登録した情報は、ほかの人がスマホや携帯電話、パソコンなどを使って確認できる。

緊急速報メール

緊急地震速報を始め、津波警報、気象などについての警報や、地域ごとの緊急の情報を知らせる。

さまざまな情報収集

災害時に電話やメールがつながらなくても、SNSですぐに情報を得ることができる。ただし、NHKや気象庁など、信頼できる公式アカウントの情報を見るようにしよう。

事例 ▶ TwitterからのSOSにより救助のヘリコプターが出動

東日本大震災のときの宮城県気仙沼市で実際にあったできごと。津波がおしよせ、火の手もせまる中、建物の中で孤立していた女性が避難することができずに、携帯電話から息子にメールを送った。メールを見た息子がTwitter（現・X）で救助を呼びかけると、Twitter上で話題に。そのツイートを見た東京都知事の呼びかけにより、ヘリコプターが出動し、そこにいた全員が救助された。

助けて！
建物の中から動けない！

防犯のために
役立つことも

　あやしい人につけられているときなど、スマホがあればすぐに警察に連絡することができます。ただし、通話中の人に近よってきて、かばんをひったくったり、体をさわったりする犯罪もあるので十分注意しましょう。

　また、暗い道で懐中電灯代わりに使ったり、声を出せないときにアラーム音などを使って自分の居場所を知らせたりすることもできます。

デマには注意しよう

　災害時に手元にあれば、すぐに情報を得ることができるスマホ。でも、SNSを始めとするネット上の情報にはデマも多いことを覚えておきましょう。特に災害時には、正しい情報だと信じた人によってデマが拡散されてしまうことがあるので、十分注意することが必要です。

・どこが出している情報か、
　発信元を確認する
・最新の情報かどうか、
　日付を確認する
・複数のメディアで
　報じられているか確認する

スマホ、ネットのトラブル相談窓口

● ネットで傷つくことを言われた

子どもの人権110番

0120-007-110

● 買い物やお金のトラブル

消費者ホットライン

188

● 生活の安全がおびやかされている

警察相談専用電話
（かけた地域の警察の総合相談窓口へつながる）

#9110

● その他のスマホ、ネットのトラブル

チャイルドライン

0120-99-7777

帰り道

あ、カナタさっき
グループでメッセージ
送ったよー

え？本当？
あとで見てみるね

じゃあねー

帰宅後

えーっと、アプリを
起動して……

スッスッ

♪

パシャッ

わぁー！
写真で見てもきれいな
夕やけだよー

本当だー！

みんなにも
見せたいなぁー

あ、人のお家が写っているから
これはSNSに出しちゃダメだね

ピロン！

あ、カナタから

シュシュシュッ

よし、送信……
あっ!!

おっと、ちゃんと
読みなおしてから

タイガの家

タイガ、さっき預かったスマホだけど、着信が鳴ってたわよ

あ、ソラだ。ありがとう。

お母さん、ソラに返事したあと、30分だけゲームしてもいい？

いいわよ

ソラの家

ピロン！

あ、タイガから。さっきのメッセージの返事だ

朝の学校

おはよう

フウカ、昨日はごめん！アプリ内とはいえ、ちょっと言いすぎた……

ごめんね...

えっ……

メッセージでもあやまったけど、フウカが気にしていたらいやだから、ちゃんとあやまろうと思って

そっか

さくいん

監修

伊藤美奈子〔いとう みなこ〕

1960 年大阪府生まれ。京都大学文学部を卒業後、高校教師となる。6 年間教師を続けた後、京都大学大学院教育学研究科修士課程に入学。その後、同博士課程修了。南山大学文学部講師、お茶の水女子大学助教授、慶應義塾大学教職課程センター教授を経て、奈良女子大学大学院教授。

参考文献

『防災・防犯シミュレーション 3 身近な危険 そのときどうする？』（ほるぷ出版／国崎信江監修）
『本当の「私」がわかる 自分の心理学』（ナツメ社／齊藤勇著）
「国民のための情報セキュリティサイト」（総務省ウェブサイト）
「インターネット トラブル事例」（総務省ウェブサイト）
「スマホ・ケータイ安全教室　入門編（小学校高学年向け）スライド教材」（NTTドコモウェブサイト）

カバーイラスト　　藤本たみこ
イラスト　　　　　いろりこ
デザイン　　　　　別府拓（Q.design）
DTP　　　　　　　茂呂田剛（M&K）
執筆　　　　　　　たかはしみか
編集　　　　　　　永渕美加子（株式会社スリーシーズン）
校正　　　　　　　夢の本棚社

新・心が元気になる本 ④
スマホが気になって落ちつかない！
～ネット・SNS・ゲームの悩み～

2022 年 4 月初版　2023 年 11 月第 2 刷

監　修　伊藤美奈子
発行者　岡本光晴
発行所　株式会社あかね書房
　　　　〒 101-0065　東京都千代田区西神田 3－2－1
　　　　電話 03-3263-0641（営業）　03-3263-0644（編集）
印刷所　株式会社精興社
製本所　株式会社難波製本

ISBN978-4-251-06620-6
©3Season ／ 2022 ／ Printed in Japan
落丁本・乱丁本はおとりかえします。
https://www.akaneshobo.co.jp

NDC　146
伊藤美奈子
新・心が元気になる本④
スマホが気になって落ちつかない！
～ネット・SNS・ゲームの悩み～
あかね書房　2022　40p　31 × 22cm

新 心が元気になる本

監修／伊藤美奈子　　NDC146